Louise L. Hay
und Dan Olmos

Illustriert von Antonia Baginski

Lulu und Die kleine Ameise

Eine Botschaft der Liebe

Aus dem Amerikanischen von
Michael Nagula

Besuchen Sie unseren Shop:
www.AmraVerlag.de

Ihre 80-Minuten-Gratis-CD erwartet Sie.
Unser Geschenk an Sie ... einfach anfordern.

Titel des amerikanischen Originals:
Lulu and the Ant. A Message of Love
Lulu's Library Volume One of Three

Deutscher Erstdruck im AMRA Verlag
Auf der Reitbahn 8, D-63452 Hanau
Telefon. +49 (0) 61 81 – 18 93 92
Kontakt: Info@AmraVerlag.de

Herausgeber & Lektor	Michael Nagula
Illustrationen & Satz	Antonia Baginski
Druck & Bindung	FINIDR, s.r.o.

ISBN Printausgabe 978-3-939373-28-5

Alle drei Abenteuer von Lulu ohne Bilder:
ISBN Printausgabe 978-95447-667-1
ISBN Audio-CD 978-95447-306-9
ISBN eBook 978-95447-668-8

Copyright of this Lulu Story 1991 © Louise L. Hay
Copyright Zeichnungen 2010 © AMRA Verlag & Records
Licensed collection published 2005 © Hay House Inc., UK/USA,
with Drawings by J. J. Smith-Moore: *The Adventures of Lulu;*
German editions published by Arrangement with the Author.

Alle Rechte der Verbreitung vorbehalten, auch durch Funk,
Fernsehen und sonstige Kommunikationsmittel, fotomechanische,
digitale oder vertonte Wiedergabe sowie des auszugsweisen Nachdrucks.

Liebe Leserinnen und Leser,

vor einiger Zeit erhielt ich ein Schreiben einer Erwachsenen, die mich wissen ließ, wie hilfreich die Lulu-Bücher für sie als Kind waren. Sie gaben ihr den Anstoß zur Entwicklung eines Selbstwertgefühls und der Selbstachtung.

Natürlich war das genau meine Absicht gewesen, als ich Lulus Abenteuer vor vielen Jahren in den USA erfand, damals noch als schwarzweiß gezeichnete Ausmalbücher. Die Lulu in den Geschichten war das kleine Mädchen, das ich als Kind gern sein wollte - mit langen blonden Haaren, selbstbewusst, hilfsbereit und jederzeit begierig zu lernen.

Dan Olmos, der Zeichner J. J. Smith-Moore und der Musiker Randall Leonard halfen mir bei der Entwicklung der Lulu-Reihe, mit der ich die Kinder in ihre Kraft bringen wollte. Sie sollte schließlich drei Bände umfassen. Ich sprach die Geschichten sogar auf Hörkassette, als sie erschienen. Später brachte mein Verlag Hay House die Ausmalbücher als koloriertes Kinderbuch gesammelt heraus, und jetzt hat mir der AMRA Verlag vorgeschlagen, sie alle drei von einer talentierten deutschen Künstlerin nach dem ursprünglichen Text völlig neu illustrieren zu lassen, um diese bezaubernden Geschichten einer weiteren Generation von Leserinnen und Lesern zugänglich zu machen. Ich sage: „Ja, tun wir's!"

An diesen Geschichten kann sich die ganze Familie erfreuen. Lesen Sie sie immer wieder - am Besten gemeinsam vor dem Einschlafen. Ich hoffe, dass diese Botschaften der Liebe, des Vertrauens und des Selbstbewusstseins nicht nur Ihre Kinder inspirieren, sondern auch Sie.

Wir sind alle Kinder des Universums, egal wie alt wir sind.

Also viel Spaß damit!

In Liebe,

Louise L. Hay

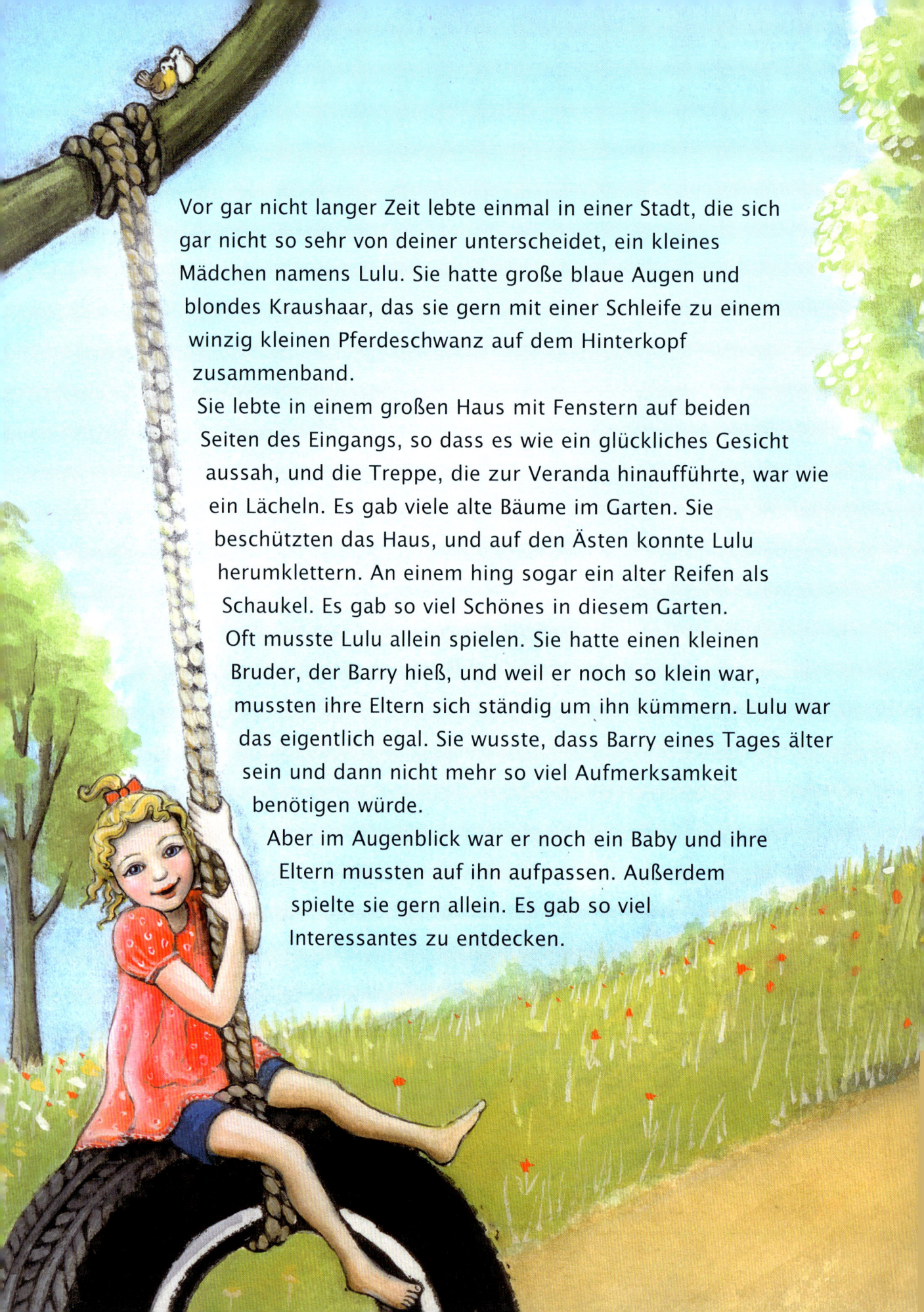

Vor gar nicht langer Zeit lebte einmal in einer Stadt, die sich gar nicht so sehr von deiner unterscheidet, ein kleines Mädchen namens Lulu. Sie hatte große blaue Augen und blondes Kraushaar, das sie gern mit einer Schleife zu einem winzig kleinen Pferdeschwanz auf dem Hinterkopf zusammenband.

Sie lebte in einem großen Haus mit Fenstern auf beiden Seiten des Eingangs, so dass es wie ein glückliches Gesicht aussah, und die Treppe, die zur Veranda hinaufführte, war wie ein Lächeln. Es gab viele alte Bäume im Garten. Sie beschützten das Haus, und auf den Ästen konnte Lulu herumklettern. An einem hing sogar ein alter Reifen als Schaukel. Es gab so viel Schönes in diesem Garten.

Oft musste Lulu allein spielen. Sie hatte einen kleinen Bruder, der Barry hieß, und weil er noch so klein war, mussten ihre Eltern sich ständig um ihn kümmern. Lulu war das eigentlich egal. Sie wusste, dass Barry eines Tages älter sein und dann nicht mehr so viel Aufmerksamkeit benötigen würde.

Aber im Augenblick war er noch ein Baby und ihre Eltern mussten auf ihn aufpassen. Außerdem spielte sie gern allein. Es gab so viel Interessantes zu entdecken.

An einem faulen Nachmittag lag Lulu auf der Wiese
im Garten und sah zu, wie die Wolken vorbeischwebten.
Sie machte ein Spiel daraus, sich vorzustellen, dass die Wolken
in Wahrheit ein Zirkus waren, der langsam über ihr vorbeizog.
Sie konnte einen Elefanten erkennen, einen Tiger und einen Clown ...
und sogar eine wunderschöne Frau auf einem fliegenden Trapez.

Sie hatte eine herrliche Zeit, als sie plötzlich spürte, dass etwas auf ihrem Arm herumkrabbelte. Sie schaute hin, und es war eine Ameise. Lächelnd sagte Lulu: »Oh, es ist nur eine kleine Ameise.«

Als die Ameise das hörte, stemmte sie wütend ihre winzig kleinen Arme in die Taille und erwiderte patzig: »Pfff! Na, und du bist nur ein kleines Mädchen!«

Lulu taten ihre Worte leid, und sie entschuldigte sich. »Verzeih mir, kleine Ameise. So habe ich es nicht gemeint. Bestimmt bist du eine sehr bedeutende Ameise.«

»Ach, schon gut«, entgegnete die Ameise. »Die Menschen glauben immer, wir sind alle gleich. Ich hab's einfach nur satt, das ständig zu hören.«

»Wenn wir die Leute bei ihrem Picknick besuchen oder durch ihr Haus laufen, hören wir immer dasselbe: ›Ameisen!‹ Den Menschen ist einfach nicht klar, dass wir uns alle voneinander unterscheiden, genau wie ihr.« Lulu mochte die kleine Ameise. Sie beugte sich näher zu ihr vor und sagte: »Du bist aber eine nette kleine Ameise. Erzähl mir mehr.«

Die kleine Ameise freute sich so sehr, dass sie mit einer neuen Freundin plaudern konnte. »Wir bauen eine Stadt unter der Erde, und die nennen wir GigantAMEISIA«, verriet sie ihr.

»Deshalb muss ich einen Riesenstein wälzen, nur bist du mir im Weg. Ich wollte dich gerade am Ohr kitzeln, damit du dich bewegst.«

Lulu stand schnell auf und bot ihr an: »Ich kann dir helfen, den Stein zu bewegen. Ich bin sehr stark.«

Das freute die Ameise. Rasch krabbelte sie wieder dorthin, wo sie den Stein zurückgelassen hatte. »Hier ist er!«, sagte sie. „Kannst du ihn heben?"

Für Lulu war der Stein sehr, sehr klein. Eigentlich war es eher ein großes Sandkorn. Behutsam nahm sie den Stein zwischen zwei Finger und hob ihn dorthin, wohin er sollte.

Die Ameise war ganz außer sich vor Freude.

»Du würdest eine wundervolle Ameise abgeben!«, jubelte sie. »Möchtest du nicht mitkommen und bei uns leben? Also, wenn du mit uns arbeiten würdest, hätten wir unsere Stadt in null Komma nichts fertig!«

Lulu lächelte die Ameise an. »Ich fürchte, ich würde in eure Stadt nicht hineinpassen. Sie ist so viel kleiner als ich. Ich könnte einfach keine Ameise sein.«

Die kleine Ameise sah verdutzt aus. »Aber warum denn nicht?«, fragte sie. »In meiner Stadt gibt es ein kleines Lied, das wir ständig singen. Es geht so:

*Du kannst sein, was du willst, du kannst tun, was du willst,
du kannst sein, was du willst, das ganze Leben unterstützt dich.«*

»Das ist aber ein komisches kleines Lied«, kicherte Lulu. »Was soll das denn heißen?«

»Das heißt, auch wenn wir uns alle voneinander unterscheiden, haben wir doch jeder die Kraft in uns, ganz wundervolle Dinge mit unserem Leben zu machen«, erklärte die kleine Ameise. »Du kannst tun, was du willst. Nichts kann dich aufhalten.«

»Ich tanze gerne«, sagte Lulu. »Ich wäre für mein Leben gern eine Ballerina.«

»Wenn du willst, kannst du eine sein«, verriet ihr die kleine Ameise. Lulu blickte zu ihrer neuen Freundin hinunter und sagte traurig: »Ich glaube nicht. Meine Mutter hat mich zu einer Ballettschule gebracht, und die Lehrerin meinte, meine Beine wären zu mager und dass ich keine gute Ballerina abgeben würde.«

Die kleine Ameise stampfte mit ihrem kleinen Fuß so laut auf, wie es einer kleinen Ameise überhaupt möglich war. »Wenn du eine Ballerina sein willst, kannst du auch eine Ballerina sein!«, rief sie. »Ich zeige dir einen kleinen Trick. Er fängt mit deinen Gedanken an.«

Lulu setzte sich aufrecht hin und lauschte aufmerksam auf das, was die kleine Ameise sagte.

»Wir spielen ein Spiel. Fang damit an, dir vorzustellen, dass du im wunderschönsten Theater der Welt bist.«

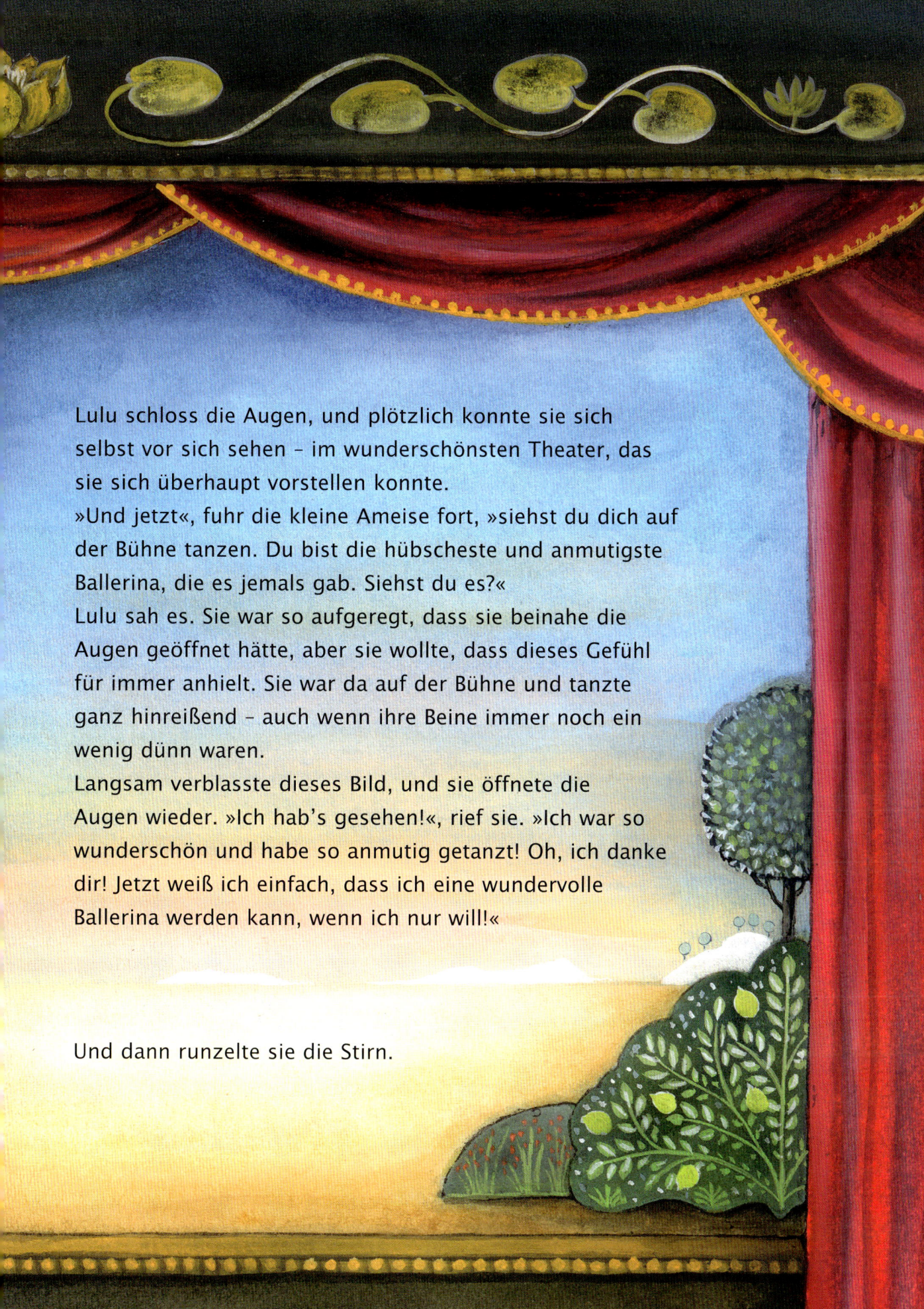

Lulu schloss die Augen, und plötzlich konnte sie sich selbst vor sich sehen – im wunderschönsten Theater, das sie sich überhaupt vorstellen konnte.
»Und jetzt«, fuhr die kleine Ameise fort, »siehst du dich auf der Bühne tanzen. Du bist die hübscheste und anmutigste Ballerina, die es jemals gab. Siehst du es?«
Lulu sah es. Sie war so aufgeregt, dass sie beinahe die Augen geöffnet hätte, aber sie wollte, dass dieses Gefühl für immer anhielt. Sie war da auf der Bühne und tanzte ganz hinreißend – auch wenn ihre Beine immer noch ein wenig dünn waren.
Langsam verblasste dieses Bild, und sie öffnete die Augen wieder. »Ich hab's gesehen!«, rief sie. »Ich war so wunderschön und habe so anmutig getanzt! Oh, ich danke dir! Jetzt weiß ich einfach, dass ich eine wundervolle Ballerina werden kann, wenn ich nur will!«

Und dann runzelte sie die Stirn.

»Aber ich mag auch Pferde«, sagte Lulu. »Könnte ich nicht Kunstreiterin im Zirkus werden?«
»Selbstverständlich kannst du das«, entgegnete ihre kleine Freundin. »Wenn du es wirklich willst, wirst du auch einen Weg finden, eine zu werden. Spiel einfach das Spiel und stell's dir vor.«
Lulu schloss die Augen und stellte sich vor, wie sie auf einem majestätischen weißen Pferd stand, das in der Manege umhergaloppierte.
Sie fühlte sich so glücklich.

Doch dann runzelte sie wieder die Stirn.

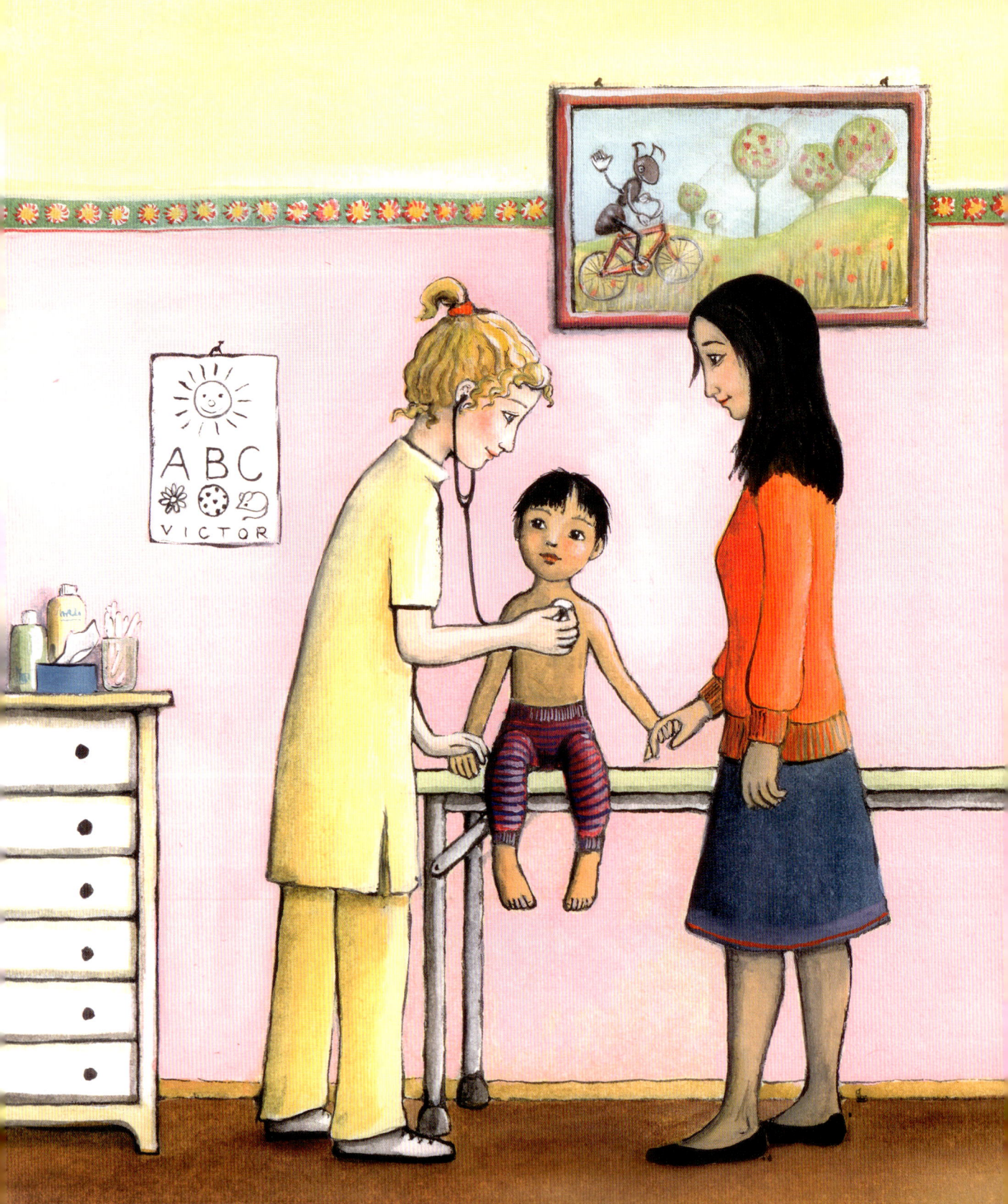

»Aber ich möchte auch gern Menschen helfen, wenn sie krank sind«, erklärte Lulu. »Glaubst du, ich könnte Ärztin werden?«

»Auch das kannst du werden, wenn du willst«, bejahte die kleine Ameise.

Lulu stellte sich vor, wie sie in einer hübschen kleinen Arztpraxis arbeitete und den Menschen half, gesund zu werden. Sie wurde ganz aufgeregt. »Es gibt so vieles, was ich tun kann, stimmt's?«, rief sie aus.

Die kleine Ameise lächelte ein großes breites Lächeln. »Selbstverständlich kannst du das. Denke nur immer daran: Wenn du den Eindruck hast, etwas nicht zu können, stell dir vor, wie du es machst. Deine Gedanken sind sehr kraftvoll. Sie können so viele gute Dinge geschehen lassen. Manchmal dauert es eine Weile, aber wenn du es wirklich willst, geschieht es auch. Und sing dabei unentwegt mein kleines Lied. Es hilft dir, dich daran zu erinnern, dass nichts unmöglich ist.«

Und sie sang noch einmal:
»Du kannst sein, was du willst, du kannst tun, was du willst,
du kannst sein, was du willst, das ganze Leben unterstützt dich.

Jetzt muss ich aber zurück an die Arbeit«, sagte die kleine Ameise. Lulu lächelte zu ihrer neuen Freundin hinunter. »Danke, dass du mit mir gesprochen hast. Ich hatte wirklich eine wundervolle Zeit. Können wir uns wieder mal unterhalten?«
»Klar können wir das.« Die kleine Ameise lächelte. »Ich würde dich ja zum Essen einladen, aber du passt nicht in mein Haus. Vielleicht können wir zusammen picknicken. Wir Ameisen lieben das Picknick der Menschen. Du kannst das Essen mitbringen.«
»Das wäre klasse!«, stimmte Lulu zu.
Und damit eilte die kleine Ameise in das kleine Loch im Boden zurück, um sich wieder an die Arbeit zu machen.

Es war ein wunderschöner Nachmittag gewesen. Eine warme Windbö spielte mit Lulus Haar, dann rauschte sie zwischen den Blättern der Bäume hindurch. In der Ferne konnte Lulu ihren kleinen Bruder Barry hören, der ein leises Gurgeln von sich gab, wie nur Babys es hervorbringen können.
Ihre Mutter trat auf die Veranda hinaus und rief: »Lulu, komm rein. Es ist Zeit fürs Abendessen!«
Lulu stand von der Wiese auf, schüttelte sich den Blütenstaub vom Kleid und ging glücklich zum Haus, wobei sie das Lied sang, das die kleine Ameise ihr beigebracht hatte:

»Ich kann sein, was ich will, ich kann tun, was ich will, ich kann sein, was ich will, das ganze Leben unterstützt mich.«

Ebenfalls bei AMRA erhältlich:

Louise L. Hay
LULU UND DIE ENTE WILLY
Finde das Glück der Freundschaft
Illustriert von Antonia Baginski
ISBN 978-3-939373-29-2

Louise L. Hay
LULU UND MIMMI
Keine Angst in der Dunkelheit
Illustriert von Antonia Baginski
ISBN 978-3-939373-30-8

Melanie Missing
TARA UND DER GLÜCKSSEGEN DER EINHÖRNER
Mit Einhorn-Aufklebern!
Illustriert von Katharina Kelting
ISBN 978-3-939373-47-6

Karin Tag
MERLINS GEHEIMNIS
Wie die Welt wieder ein Paradies wird
Illustriert von Jutta Wietschorke
ISBN 978-3-939373-48-3

Carol Bowman
MAMA, ICH WAR SCHON EINMAL ERWACHSEN!
Kinder erinnern sich an frühere Leben
ISBN 978-3-939373-53-7

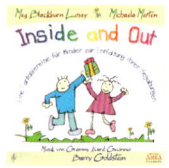
Meg Blackburn Losey & Michaela Merten
INSIDE AND OUT
Eine Fantasiereise für Kinder zur Entfaltung ihrer Begabungen
Meditations-CD, 78 Minuten
ISBN 978-3-939373-19-3